THÉATRE DE L'INFANTERIE DIJONNOISE

LE RETOUR
DE BONTEMPS

1632

PIÈCE ATTRIBUÉE A LA COLLABORATION
DE PÉRARD ET BRÉCHILLET

A DIJON
CHEZ DARANTIERE, IMPRIMEUR
65, Rue Chabot-Charny, 65

1887

LE
RETOUR DE BONTEMPS

JUSTIFICATION DES TIRAGES :

100 exemplaires sur papier vergé teinté
5 — — du Japon
3 — — de Chine

DÉJA PARUS DANS LA MÊME COLLECTION :

Les Nopces de Bontemps avec la Bourgogne.
Le Réveil de Bontemps.
Asneries ou les Quatre Jeux.
Le Jeu joué le 12ᵉ Juing 1583.
La Comédie du Riz.

THÉATRE DE L'INFANTERIE DIJONNOISE

LE RETOUR
DE BONTEMPS

1632

PIÈCE ATTRIBUÉE A LA COLLABORATION
DE PÉRARD ET BRÉCHILLET

A DIJON
CHEZ DARANTIERE, IMPRIMEUR
65, Rue Chabot-Charny, 65

1887

PRÉFACE

Nous n'offrons du *Retour de Bontemps* (1) que les parties essentielles, la pièce étant fort longue, prolixe parfois, surchargée surtout de compliments et de détails insignifiants pour nous, toutes choses dont le lecteur serait vite rassasié, en sorte qu'il pourrait rejeter une œuvre de valeur, de *haulte graisse*, dirait Rabelais ; et ce serait grand dommage. Quels passages délicieux que les scènes de l'*Empirique* et de l'*Astrologue* ! Elles donnent comme un avant-goût de Molière. Le médecin

---

(1) Il ne faut pas confondre la présente pièce avec celle de *Bontan de retor*, postérieure à celle-ci de plus de quatre-vingts ans, et dont Aimé Piron est l'auteur.

y parle déjà ce jargon pédantesque, emphatique et creux, qu'on retrouvera plus tard, tout fleuri et épanoui, sur les lèvres des *Diafoirus* et des *Purgon*. Lorsqu'on entend notre Empirique expliquer qu'il est venu tout exprès à Dijon sur la nouvelle qu'il y a un illustre malade à visiter dans cette ville, on songe à la scène où *Toinette*, déguisée en docteur, accourt saluer *Argan* sur la réputation qu'il s'est acquise auprès des *médecins de la médecine* par ses maux incurables d'autant qu'ils sont imaginaires. Ici, c'est Bontemps qui joue le rôle du malade pour rire, et ce rôle est plus comique encore que celui d'Argan puisque le bon Père présente au diagnostic du médecin tous les signes d'une santé florissante qu'il faut travestir en signes de maladie.

On trouve aussi dans le *Retour de Bontemps* un passage qui rappelle certaines scènes du *Bourgeois gentilhomme;* ce sont celles où tout se fait en cadence avec accompagnement de musique.

Notre Empirique, en effet, débite son ordonnance sur un air connu. Ce n'est pas de la déclamation, mais un chant en six couplets. Molière qui, pendant sa jeunesse, avait roulé à travers les provinces et joué à Dijon, n'aurait-il pas eu connaissance de cette pièce-ci (1) ?

On remarquera encore, tout à la fin du *Retour de Bontemps*, la vigoureuse sortie d'un des vignerons contre les femmes coquettes, auxquelles il oppose les braves vigneronnes qui rentrent à la maison, lassées d'une longue journée de labeur, et soucieuses seulement de sommeil. Qui se fût attendu à l'accent d'un *Alceste* chez un de ces gais *barôʒai* tout occupés, le long de la pièce, à assaisonner de moutarde et autres épices les propos qu'ils *dégoisent*.

Si l'on fait abstraction des strophes que la *Renommée* lance, en forme de prologue, à l'adresse de M. le Prince, on peut avancer hardiment que, du commencement à la fin, la pièce du retour de Bontemps sent la Bour-

---

(1) Molière a pu acheter un exemplaire de cette comédie qui fut imprimée chez « *la vesve Claude Guyot,* » sous cette rubrique : « *Retour de Bon-Temps* dédié à Mꭐꭐ le prince, gouverneur et lieutenant général de Sa Majesté en ses pays de Bourgongne, Bresse, Berry, etc., et représenté à son Entrée par l'Infanterie dijonnoise, le dimanche 3ᵉ octobre 1632. »

gogne avec son rire à fleur des lèvres, tantôt fin, tantôt gras, rire qui donne une saveur toute particulière aux compositions des poètes dijonnais. Cela éclate dès la chanson par laquelle s'ouvre la première scène :

Més anfan por vos époisé, etc.

Tout semble donc d'une conception heureuse dans cette pièce; l'avouerai-je cependant, y a un personnage dont le rôle m'attriste ; c'est celui du père Bontemps. Ce joyeux compagnon se présente à nous avec un caractère dégradé. Au lieu de ce Bontemps, ami de la paix et de la table, sans doute, mais ennemi du luxe et de la luxure, tel que nous le peint le *Jeu joué en 1583*, nous nous trouvons en face d'un goinfre plat et lourd, tout occupé de son ventre, prêt à crier avec certain personnage rabelaisien : *et tout pour la tripe !* Hercule chez Admète, dans l'*Alceste* d'Euripide, Hercule bâfrant, s'empiffrant, ne tenant que des propos de glouton et d'ivrogne, voilà le Bontemps de 1632. Si la paix, une paix stable et perpétuelle, comme la souhaitaient si ardemment les pauvres vignerons, ne devait produire que de pareils hommes, mieux vaudrait la guerre, mieux vaudrait ne vivre que de pain et d'eau !

> J'eime meu jaimoi ne voi de roo
> Et ne meingé que dou pain groo *(gris)* !

s'écrie l'un des Bourguignons de la pièce, « que d'avoir une femme qui me trompe, ainsi que le font tant de citadines ! » Voilà la vraie moralité de cette comédie, et c'est la condamnation de tous les *Gryllus*, qu'ils s'appellent Bontemps ou d'un autre nom. En somme Don Quichotte n'est-il pas préférable à Sancho Pança ?

J. D.

Dijon, septembre 1887.

Personnages :

LA RENOMMÉE, — FOLS DÉGUISÉS EN SUISSES,
BONTEMPS, — VILLENO, BOURGUIGNON, — 2ᵉ BOURGUIGNON,
UN EMPIRIQUE, UN ASTROLOGUE.

La scène se passe à Dijon. — La représentation eut lieu le
5 octobre 1632, en présence de M. le Prince Henri de Bourbon,
nommé récemment gouverneur de la Bourgogne.

LE RETOUR DE BONTEMPS

1632

LA RENOMMÉE

Elle s'adresse aux Dijonnais et débite 162 vers en l'honneur de Henri de Bourbon; ce prologue est signé : E. B. A., c'est-à-dire Etienne Bréchillet, avocat.

...Tout ce qu'en luy (1) le ciel assemble
Tend à vous bien-heurer ensemble ;
Les rares dons qu'il luy a faicts
Sur vous largement il estalle
Et leurs avantages parfaicts
Servent à sa main libéralle
De matière pour des bien-faicts.

---

(1) Tout ce que le ciel assemble de qualités dans le nouveau gouverneur, Henri de Bourbon.

De son bras la force puissante
Excite la valeur naissante
D'Anguien et Conty, deux germains (1),
Qui promettent à cet empire
Que leurs faicts auront plus de mains
Que moy de langues pour les dire
Sur le théâtre des humains.

CHANSON DES SUISSES

SUR LEUR CHARIOT (2)

I

Més anfan, por vos époisé,
Je n'ai ni papa (3), ni boüillie;

---

(1) Il s'agit des deux fils du gouverneur : le premier fut plus tard « le héros, » comme le désigne Saint-Simon, ou le grand Condé, ainsi qu'on le nomme dans l'histoire.

(2) Ce sont des fols vignerons habillés en suisses qui célèbrent le lait de la Bourgogne, la bonne purée septembrale. Il semble que, par la voix des *barôȝai*, ce soit Mère-Folie ou la Bourgogne qui parle en cette chanson et s'adresse à ses enfants.

(3) *Papa* doit s'entendre ici dans le sens de soupe faite avec du lait.

Mon laissea (*lait*) vo ferei côsé (*parler*)
Porsé (*percé*) ai troi doi de lai lie (1).

Ref. Vos esprarai (*apprendrez*) an ce tetin
François, grec, suisse et laitin ;
Ay l'â (2), san môquerie,
Porsé ai troi doy de lai lie.

II

Istud lac est valde bonum (3);
Quand j'en bois je fais des harangues !
Jam intelligo Latinum,
Et de toutes bestes les *louanges* (4).

Ref. Nous apprenons en ce tétin
François, grec, suisse et latin ;
Le laict, c'est notre vie,
Persé à trois doigts de la lie (5).

---

(1) Il s'agit du percement des tonneaux; on y enfonce la canelle trois doigts au-dessus de la lie.
(2) *Ay*, il, le tétin ; *â*, est.
(3) C'est un lait délicieux.
(4) *Louanges* porte le texte ; mais le sens et la rime exigent *langues*.
(5) Ce couplet est en latin et en français afin de prouver que le vin fait parler toutes les langues; le reste de la chanson, sauf le 4ᵉ couplet, est en patois.

III

Lou laitin me potte guignon,
De lou palai je n'ai côraige ;
Por moi je pale Borguignon,
Ç'à de mai meire lou langueige.

Ref. Meu vau lou ju de ce tetin
    Que grec, suisse ni laitin ;
      Son laissea, ç'à mai vie,
    Porsé ai troi doy de lai lie.

IV

Je croy que dans tout l'univers
Il n'y a semblable nourrice
Qui ait donné contre les vers
Force bon vin et force espice ;

Ref. Et nous apprend dès le tétin
    François, grec, suisse et latin ;
      Le laict est nostre vie, etc.

V

Je pale auleman (*allemand*), ce di-ton,
Quan je di *trinque*, et que je rôte ;

Ma je seu suisse dou quanton
De *Mardor* et dé *Viôlôtte* (1).

Ref. Qui n'ayme meu cé deu tetin
Que grec, suisse ni laitin ?
Lou laissea, ç'a mai vie, etc.

VI

Si j'on dé suisse lé z-aiby
Et lé bonô su no caiboche,
Je ne son portan *barsuby*,
Ma clôsey dé bonne barroche *(paroisses)*.

Ref. On no fai, aivô ce tetin,
Sôvan palai grec et laitin, etc.

BONTEMPS

(Entrant en scène ainsi que deux Bourguignons.)

Du vin ! viste ! qu'on mette en broche !
Où sont les verres quand j'approche ?
Mettez la nappe !... etc.
Il y a bien près d'un quart d'heure
Que je n'ai beu, sur mon serment !

---

(1) Ces mots indiquent deux petits vignobles, souvent chantés par les poètes dijonnais. — V. le glossaire de La Monnoye.

1ᵉʳ BOURGUIGNON

Asson poin lai in auleman,
Vou in suisse ? Je lou panse
Ai regadai sai corpulance,
Velai in tarbe dégôtai !
Ai n'a pa encor débôtai
Et s'ai pale déjai de boire !

2ᵉ BOURGUIGNON

Villemô, ai ne fau pa croire
Que ce brave homme que velai
Peusse étre de cé paÿ-lai,
Ne sai-tu pa bé qu'en Bregongne
Ai l'y ey d'aussi bon yvrongne ?
Son aiby n'a pa faiçenai (*façonné*)
Comme cetu d'in lansquenai,
Et on voi bé ai sai pairôle
Qu'ai n'a pa du coutai de Dôle (1).

---

(1) On ne doit pas oublier que la Franche-Comté était alors aux Espagnols et que c'était par ce côté-là que la Bourgogne se trouvait souvent attaquée. Galas allait, quatre ans plus tard, envahir le pays en franchissant la Saône avec ses Impériaux, ses *Cravates* (Croates), etc.

1ᵉʳ BOURGUIGNON

Je ne queneu pa son païs,
Ma, je seroo bén ébouï
S'ai meurô jaimoy de faimingne,
Ai le sanne bén (1) ai sai mingne ;
Son vantre que tu voi si groo
Qu'at in vrai maigaisin de roo ;
Sé den large ansin que dé paule *(pelles)*,
Son jadea (2) qui si bén évaule,
Me le fon devenai *(deviner)* ansin
Et qu'ai mainge pu qu'in pussin.
Dirô-tu pa qu'ai l'o lé giffle (3) ?
Ai ne laisse rafle ne rifle !
On voi bé, ai son groin replai,
Qu'ai frippe braveman lé plai.

BONTEMPS

Comment donc, race de vipère,
Mescognoissez-vous vostre père ?
Avez-vous perdu, par le temps,
La remembrance (4) de Bontemps ?

---

(1) Il le semble bien à sa mine (qu'il ne mourra jamais de faim).
(2) Le *jadea* ou *jaidea* (jet d'eau), c'est le gosier, qu'on appelle aussi *lai jarbeire*.
(3) *Giffle*, gonflement des joues.
(4) Le souvenir.

2ᵉ BOURGUIGNON

Ai l'a bé loin lou prôve sire !
Ai ne songe pu guére ai rire.

1ᵉʳ BOURGUIGNON

Non qu'ai l'â bén essorfantai,
Ma ai se doi réconfortai
An queique pat qu'ai sô, porce
Qu'ai l'ey pô dé côpou de borse.

BONTEMPS

Je vous dis pour compte final
Que c'est icy l'original...

2ᵉ BOURGUIGNON

Quei (*quel*) contou de billevezée !
Morbei, j'airin jeudi fezée !
De l'oûy quey anfan velai (1) ?

1ᵉʳ BOURGUIGNON

Bé l ai lou fau ouï palai.

BONTEMPS

Bontemps réside en ma personne ;
Que voulez-vous que je vous donne

---

(1) De l'ouïr quel enfant voudrait !

A mon heureureux advènement (1) ?
Demandez-le moy hardiment ;
Je veux faire à chacun largesse
En ceste nouvelle allégresse,
Donner toutes permissions,
Constituer des pensions
A tout ce peuple, et les assigne
Sur tout ce grand climat de vigne
D'autour Dijon et entens
Vous céder ce que j'y prétens ;
Je veux que par toutes les villes
Ayez droict de jouër aux quilles,
Boulles, et autre invention
Touchant la récréation,
De chanter, danser et de rire,
Et jamais ne boire du pire ;
De fréquenter tous les berlans
Pour jouer comme des galans,
Et, de peur de tomber malade,
Vous aurez de la promenade
L'usage, par champs, prez et bois ;
Jouïrez du son des hauts-bois ;

---

(1) Toute la tirade qu'on va lire est absolument dans le goût des brevets que la Mère-Folle donnait à chaque nouveau fou, lors de sa réception.

Par tous les villages et villes
Ferez danser femmes et filles
Aux chansons et aux violons (1);
Que si quelqu'une est attrappée,
Passe ! ce n'est qu'une eschappée !
Item, les droicts vous sont cédez
Du gain que vous ferez aux dez...
> (Dans les hôtels mangez à crédit, et si les hôtes vous pressent)

Payez-les-moy d'invention.

2ᵉ BOURGUIGNON

Ç'à ici queique ébusion (*illusion*)
De dire que Bontan reveigne ;
Qu'ai conte cé faule (*fables*) ez écreigne !
Ran, ran ! Note peire Bontan
Ç'à padu (*perdu*) duran lou cher tan.

1ᵉʳ BOURGUIGNON

Ç'à lu ! ç'à chôse bé çaténe :
Son groin que san bé lai cuséne (*cuisine*)
Et tô s'en qu'ai no z-ai livrai (2),
No fai trô croire qu'ai l'a vrai.

---

(1) Ce vers ne rime avec rien.
(2) Tout ce que Bontemps vient de leur donner, dans les vers précédents.

2ᵉ BOURGUIGNON

Ma, si ç'a lu, porquey aivon-ge,
Por icin (*ici*), si prôve venonge (*vendange*),
Et que lai jaulée ai gaulai
No rasin qui on tan côlai ?

1ᵉʳ BOURGUIGNON

Mazuan (*désormais*) j'airon dou vinaige
Tô note sô (*soûl*) dan lou finaige ;
Lai quarterainche de frôman
Varrei (*vaudra*) tan ai revauleman
Que por dé sô (*sous*) éne dôzéne
J'en airon quatre tôte pléne ;
Jaimoy lé soudar é faubor
N'environ (*enverront*) écraimai lou bor (1)
De podry, de lievre, et de caille,
Et peu (*puis*) brelai jeuqu'ai lai paille ;
Lez ôvrey (*ouvriers*) seron ai in blan,
Por ran on maingeré dou flan ;
Lou ceu (*cuir*), lou drai et lé jaicôtte
Se deneron por dé z-arnôtte ;
De lai char (*chair*) tan que lé vaulô
Ne vorron maingé dé poulô.

---

(1) La rue du Bourg.

2ᵉ BOURGUIGNON

Et çan qu'i devon ai no moitre (1) !

1ᵉʳ BOURGUIGNON

Bontan lez envirey tô poitre ;
No et lor (*eux*) seron tô d'aicor.
Antan seuleman son discor.

2ᵉ BOURGUIGNON

Palei don ai lu, por l'éparre (*l'apprendre*) ;
Ai peu je li palerai, jarre !

1ᵉʳ BOURGUIGNON

Disé no voi, peire Bontan,
Vou vo z-éte étai si lon tan ;
Por quei ? su mar, vou bé su tarre ?
Aitin vo en poi (*paix*), vou en guarre ?
Je le vorrin (*voudrions*) saivoi au vrai.

BONTEMPS

Escoutez ; je vous le dirai.
(Bontemps explique qu'il a quitté la ville parce que l'argent commençait à lui faire défaut.)

———

(1) *Et ce que nous devons à nos maîtres?* dit notre Bourguignon. L'autre répond : *Bontemps les enverra tous paître.* — Voilà la question sociale, au point de vue des dettes, tranchée d'un seul coup. On envoie paître les créanciers.

2ᵉ BOURGUIGNON

N'y aivo-ti ran que celai
Qui voz eusse fai en aulai ?

BONTEMPS

Je fus irrité qu'à ma face
Je voyois estirper la race
Des poules, etc. (*par les gens de guerre*).

1ᵉʳ BOURGUIGNON

Queique chôse encor dan lai ville
Fu cause que vo fire gille ;
On vo fi encor queique tor ?

<small>(Oui, dit Bontemps, on y voyait des ânes ornés de beaux habits, etc.)</small>

2ᵉ BOURGUIGNON

Quan de lai ville vo sotire
Ai n'y aivo pu guére ai frire ?

BONTEMPS

Le commerce y estoit failli,
Et le rosti et le bouilli !
Et des pasticiers les boutiques
Perdoient tous les jours leurs pratiques !...

2ᵉ BOURGUIGNON

Vou voz aitin vo retiré ?
Lou tan (*le temps*) vo devo bé duré ?

BONTEMPS

Comme j'ai le cœur bon et noble,
J'ai toujours suivy le vignoble ;
Car il me plaist plus mille fois
Que jardins, parterres, ni bois.

1ᵉʳ BOURGUIGNON

Ne palizé (*parliez*) vo ai parsonne ?
(Bontemps raconte qu'il rencontra des courtisans qu'il quitta bientôt,

Car ils sentoient le musc et l'ambre,
Moy, rien que l'huye de septembre ;
et puis, ils étaient dissimulés et faux).

2ᵉ BOURGUIGNON

Ai n'y aivo pa gran aiquai.
Asse lai to ce que vo fire ?

BONTEMPS

Mon dessein n'estan que de rire,
Je courus villes et citéz
Pour voir les universitéz ;
Je recogneus là que Barthole
Met a frais fort peu de pistolle,
Si bien qu'outre les quatre temps
Il y eust jeusnes pour Bontemps
Et vacances à la cuisine.

2ᵉ BOURGUIGNON

Vo fesin don bé peute mingne ?

BONTEMPS

D'ailleurs, estudiant, je jugé
Que mon cerveau seroit chargé
De trop profonder les matières.

1ᵉʳ BOURGUIGNON

Vo ne voz y tormenté guére !

2ᵉ BOURGUIGNON

Bontan ai l'esperi parfon,
Ai l'ey étudiai jeuqu'au fon
De tôte lé crôte d'Aneire (*Asnières*),
Au côlieige de Pleumeire (*Plombières*),
Et s'ai l'ey eprin sai leçon
Aupré dé rejan de Vaisson (1).

1ᵉʳ BOURGUIGNON

Dépeu (*depuis*) vou asse que vo fure ?
Ure-vo quéque autre évanture ?
Ne fire vo ran que celai ?

BONTEMPS

Ouy ; comme j'estois de relais
De la chasse je pris envie ;
Mais ce n'estoit pas là ma vie...

---

(1) *Vaisson*, moulin entre Dijon et Plombières.

Car j'avois promis à mon père
De jamais ne travailler guère ;
Partant, la quitant tout à plat,
Je suis venu chasser au plat.

2° BOURGUIGNON

Vo n'aivé poin d'autre gairenne
Que lai cave, vou lai cuséne ;
Ma, disé-no, pô lé chemin
Ne vire-vo poin l'annemin ?

BONTEMPS

Non ; je retourné dans la ville (1)
Y prendre mon contentement,
Lorsque la nouvelle on apporte
Qu'il fallait aller à la porte

<small>(pour repousser l'ennemi qui arrivait ; c'étaient les *Pouacres*, bandes de cavaliers à la solde de *Gaston*, frère du roi, qui, de connivence avec *Bellegarde*, le gouverneur, tentèrent un coup de main sur Dijon ; à cette vue Bontemps « leva le camp, » et se retira sans bruit « chez Bocau, » où il laissa passer l'orage) (2).</small>

---

(1) C'est-à-dire à Dijon.
(2) Parlant des Pouacres, Bontemps dit :
 Ils entendoient bien le pillage,
 Prendre d'assaut un pucelage,
 Plumer les poules et oysons,
 Brusler promptement les maisons.

1ᵉʳ BOURGUIGNON

Ai veu palai de cé Pouacre
Qui fire de si bea maissacre ;
Ma, ai fure bén épontai (*épouvantés*)
Quan lou canon lé fi sautai.

2ᵉ BOURGUIGNON

Ç'â qu'ai n'aivin poin de triomfle.

1ᵉʳ BOURGUIGNON

Ai n'aivin guere pu (*plus*) de ronfle ;
De dormin ai n'aivin quesan,
Ni de pleumai lou païsan.

2ᵉ BOURGUIGNON

Ai vinre lon tan, file et file,
Viroué autor de lai ville,
Dessu lo bea chevau montai ;
Ai ne faisin qu'érigôtai
No soudar tôte lai jônée,
Ma, aipré tôte los anée (1),
Lé cainon du bouloir de Sau
Lou denire lou premei sau ;
Lai tor Sain-Nicoula fi reige

---

(1) *Anée*, sans doute, est pris ici dans le sens de chevauchées, cavalcades.

Aipré de graulai son oreige,
Et lou chastea, qui fi raipea (1),
Ai mointe (2) fi laissé lai pea,
Si bé qu'ai cete baiterie
Que feso note atillerie
Beacô montan lez échaillon
Grullin comme dé graivaulon.

1ᵉʳ BOURGUIGNON

J'aito en gade vé sain Piarre,
Pormin lé raipeire et lé varre,
Qu'on (3) épôti lé morion
Vou on voisô léz orion
Qu'ai l'ure su lai sarmoneire (4),
An venan dé charine d'Aneire ;
On voiso lé cô de bôlai
De quei mointe fure ébôlai
Et ancor dedan los armure
De lo tripe et de lo fresure.

---

(1) Faire *rapeau*, être *rapeau*, c'est rivaliser avec quelqu'un, être *ex-æquo*. Le château rivalisa avec la tour Saint-Nicolas pour canonner l'ennemi.

(2) *Mointe* synonyme de *plusieurs* s'employait substantivement.

(3) Alors qu'on apporta.

(4) La *sarmoneire*, c'est la tête.

2ᵉ BOURGUIGNON

Que n'aivin-ti cheicun dé tor (*tours*)
Devan lor (*eux*) ? ai l'aivin gran tor (*tort*) !

1ᵉʳ BOURGUIGNON

S'ai n'eussin baitu lai semelle
Et vite anfilé lai venelle,
On eusse, de jor et de neu,
Bé tannai dé prepoin de ceu (*cuir*) !

2ᵉ BOURGUIGNON

En ce tan-lai, si tu prin gade,
On voisô tô lou monde en gade :
Lé saivetei, lé tisseran,
Et lé monsieu en mame ran,
Et lou saitin en cete garre,
Frôtoo lou boge dé z-écharre
Qui, au leu (*lieu*) d'eâ et de pain groo (*gris*),
Regorgin de vin et de roo.

1ᵉʳ BOURGUIGNON

On voiso lé jan dé vileige
Sauvai lo béte dou pileige ;
Lé poule, poulô et pinjon (1)

---

(1) Lors du siège de Paris, 1870 à 1871, nous avons vu les choses se passer comme elles sont

Antrin an moncea dan Dijon !
Bœu, vea, môton et autre béte
Qui menin éne tei (*telle*) tempéte
Et braillin si pitouseman,
Pansan en lo défineman (1),
Que lé bouchei, an cete ailarme,
An pansire jetté dé larme
Et ure pidié, ai ce cô;
Tô lé paysan su lo cô (*cous, épaules*)
Epôtin dou foin dé vileige
San y laissé poin de forreige.

2ᵉ BOURGUIGNON

Lés asne aivin bé lo saison,
Ai l'aito dou foin ai foison,
Et lai char (*chair*) duran cete garre
N'eusse ran coutai que lou parre.

1ᵉʳ BOURGUIGNON

Ai l'y aivo bé dé gôlu
Qui, mai foy, eussin bé velu

---

ici décrites par le pinceau sincère d'un Bourguignon, témoin des faits de 1631.

(1) Ces pauvres bêtes pensaient à leur *définement* (*de* et *fines*, abandon du sol natal). Elles regrettaient leurs prairies, leurs étables : de là leurs tristes cris, qui touchèrent jusqu'aux bouchers.

Voi ce tan-lai jeuqu'an venonge,
Ai l'eussin bé briffai de longe
Et denai (*donné*) de mauvoi sargô
Su lé z-épaule et lé gigô.

2º BOURGUIGNON

Ç'â trô palai de tei (*telles*) baitaille ;
Retônon dessu lé bôtaille (*bouteilles*).
   (A Bontemps.)
Que fesin-vo en lai moison
Vou voz aitin en ganison ?

BONTEMPS

Je méditois qu'en mon voyage
Je n'avois point trouvé de sage (1)
Que celuy qui estoit couvert
De rouge, de jaune et de vert.

1ᵉʳ BOURGUIGNON

Porsan que j'on vote presance
Ai l'y ei queique mainigance ;
De saivoi je seune (*sommes*) en sôci
Qui ç'a qui vô rémene ici.

   (Bontemps répond que c'est le prince Henri de Bourbon.)

---

(1) *De sage que*, pour *si ce n'est que, excepté*.
Ainsi les fous sont les seuls sages.

2ᵉ BOURGUIGNON

Ai voi (*à voir*) tôte lai braverie
Qu'on fai dedan l'Infanterie,
Je disi bé qu'ai l'y aitoo (1);
De belle chôse que l'on feroo
Aifin d'hônôrai l'érivée
Tan étandue et bé trôvée
De ce gran *Henry de Bourbon*
Tô vaillan, tô sçaivan, tô bon.

1ᵉʳ BOURGUIGNON

Ç'a porquei je vi por lai ville,
Tô por tô, dé jan pu de mille
Qui tretô aitin réjouy
Et benissin lou roy Louy
Qu'ei velu que ce seige prince
Gouvarnisse notre prôvince ;
Ç'a lu qu'é ampôché lou tor (*tort*)
Qu'on cudo faire ai note tor (*tour*),
Quan on velô ôtai lou fréte (*le faîte*)
Et faire bretandai sai téte ;
Ai l'a cause que je tenon

---

(1) Que le prince était là. Il avait, lui-même, été reçu au nombre des enfants de la Mère-Folie quelques années auparavant.

Ai cete heure no bea cainon (1);
Ai l'é resegrisé (*dissipé*) l'oreige
Et remenai no porvileige (2),
Montrai que lé bon Borguignon
Ne potire jaimoi guignon,
Que Dijon, su tôt autre ville,
Dou Roy, son moitre, â bonne fille.

2ᵉ BOURGUIGNON

Ai ce conte (*compte*), Monsieu Bontan,
Vos éte venun tôt ai tan (*juste à temps*);
Ma, airé-vo bé l'aissurance
De vô trôvai an sai presance (3)
Ancor qu'ai sô bon et privai ?
Ai fau étre, por s'y trôvai,
Pu seige et saivan que vô n'éte ;
Ce prince n'aime pa lé béte.

BONTEMPS

Ce prince, en nostre nation,
Aime toute condition ;

---

(1) On ne garda pas longtemps les canons ; sous Louis XIV ils disparurent ; Aimé Piron, en 1682, regrette leur enlèvement de la tour Saint-Nicolas.

(2) Le Roi avait enlevé les privilèges de la ville après l'affaire du Lanturelu (1630).

(3) En la présence du prince.

Sa bonté tout le monde excite ;
Il vient tirer du monument (1)
La joie, etc...

<small>(A ce moment un nouveau personnage entre en scène. Bontemps l'aperçoit et dit qu'à sa mine, il pense que c'est un empirique.)</small>

1ᵉʳ BOURGUIGNON

Sai borse, i croi, â mau fônie (*fournie*) ;
Ai vô veu parre (*prendre*) an son baitan.
Prené gade, Monsieu Bontan !

2ᵉ BOURGUIGNON

N'airo-ti poin queique fiôle
Por me guairi de l'arpiôle (2) ?
Tô mon mau n'â que cetu-lai.

1ᵉʳ BOURGUIGNON

Compeire, antandon lou palai.

L'EMPIRIQUE

Divin nourrisson d'Hyppocrate,
J'ay quitté les rives d'Euphrate
Et, de là, couru l'Univers, etc.

---

(1) C'est-à-dire *du tombeau*.
(2) Mot forgé par l'auteur. Il doit désigner les *harpies*, les grippe-sous, tous les gens du fisc.

(Ce médecin-charlatan a tout vu ; il sait tout, guérit de tous les maux. Il développe son boniment en 48 vers (1). Il finit par recommander aux Bourguignons de ne pas boire avec excès) ;

. . . . . car le vin trop fort,
Entendez-vous, par son effort
Peut offencer le plus robuste
Et engendrer un sang aduste (*brûlé*)
Pour sa trop chaude qualité...

2ᵉ BOURGUIGNON

Ceut (*cet*) ampiricle de vileige (*village*)
Veut-i déprisé lou vinaige (*le vin*) ?
Quei ! en aivon-no deijai tan ?
Bontan n'an serey pa contan,
Car lu (*lui*) qui â note bon peire
N'aime pa ai boire dou peire (*pire*).

1ᵉʳ BOURGUIGNON

Je croi, Monsieu lou Meidecin,
Queique (*quoique*) vô déprizin lou vin,

---

(1) Il y a, çà et là, un ou deux vers à glaner dans le discours de cet empirique. Ainsi, il connaît par l'étude de la matière fécale
    Tous les maux quand on les lui dit.
Il vient enfin chez les Bourguignons :
    Mais il cognoit bien à leur trogne
    Qu'ils aiment bien mieux le bon vin
    Que la conserve de Provin.

Que voz an parrin (*prendriez*) po vo peine
Un meu (*muid*) puto qu'in de dizene ;
On le voi bé, quant ai celai,
Ai vote groin vormisselai
Qui tire bé meu qu'éne éplonge (*éponge*),
Lou vin qui sor de lai venonge.

L'EMPIRIQUE

Mes amis, tout ce que j'ai dit
N'est pas pour oster le crédit
Au vin ; sa vertu souveraine
Conforte la nature humaine, etc.

2⁰ BOURGUIGNON

Monsieu, passon don pu aivan ;
Puque (*puisque*) voz éte si saivan
Guairissé-nô dou flu de borse.

L'EMPIRIQUE

Prenez des pistolles à force.

1ᵉʳ BOURGUIGNON

Monsieu, repondé ai ce poin ;
Disé-no voi : N'aivé-vô poin
Ché vô queique bonne reçaite
Por fille pale et maufaite,
Po requemôdai tô lo ca ?

L'EMPIRIQUE
Du sirop de jeune advocat.

2ᵉ BOURGUIGNON
Monsieu, n'évo (*n'avez-vous*) ran qui époise
Lé fânne reborse et mauvoise ?
Ne dené-vô poin de juillai (*julep*)
Por loz édouci lou parlai
Et qu'elle sin (*soient*) pu aimiaule ?

L'EMPIRIQUE
Prenez l'essence d'une gaule.

1ᵉʳ BOURGUIGNON
Monsieu, por çolle (*celles*) qui, lai neu,
Quan ç'à que lou sôlo (*soleil*) ne leu (1),
Fon sôvan por (*par*) lô chambeleire
Au darrei de (*par derrière*) lô peire et meire
Denai (*donner*) dé z-aissignation ?

L'EMPIRIQUE
Deux dragmes de contrition.

2ᵉ BOURGUIGNON
Monsieu, por cé fille si confle (2)

---

(1) Lorsque le soleil ne luit plus.
(2) *Confle* ou *gonfle*. Il s'agit des filles enceintes, dont, naturellement, le ventre enfle. Le remède,

Que tretô lo vantre an rejonfle,
N'aivé-vo ran por lé gairi ?
Lé velé-vô laissé meuri
San dégainai vote siance ?

L'EMPIRIQUE

J'ai la thériaque d'absence.

1ᵉʳ BOURGUIGNON

Monsieu, por çolle qu'aime tan
Lé langue de beu an tô tan,
Aussi bé que lé confiture
Et de lai cave lai presure,
Que baillé-vo por lé traité ?

L'EMPIRIQUE

Pillules de sobriété.

2ᵉ BOURGUIGNON

Monsieu, n'évo ran por éparre (*instruire*)
Cé fille qui parle l'*escharre* (1)
Et lou *jantai* entremaulai ?

---

c'est de les envoyer au loin et de les faire revenir quand l'enflure a disparu.

(1) Les *escharre* sont les vignerons ; parler l'escharre, c'est parler comme les vignerons. Le *jantais* désigne le français.

Qui fon, quan on lez oui palai
Crevai tô lou monde de rire?

L'EMPIRIQUE

Une once de fleurs de bien dire.

1ᵉʳ BOURGUIGNON

Monsieu, cé fânne san raison
Qui ébandéne lô moison
Por jué (*jouer*) tôte lai jônée
Et qu'on ne voi tôte l'ânée,
Qu'évo (*qu'avez-vous*) por lo coulation?

L'EMPIRIQUE

Conserves d'occupation.

2ᵉ BOURGUIGNON

Monsieu, por cé fanne riâche,
Cé vivre (1) qui tôjor se fâche
Et creiche (*crachent*) injure ai lô mairi,
N'aivé-vô ran por lé guairi
Devan (*avant*) que lô téte se pade?

L'EMPIRIQUE

Un cataplasme de nazardes.

---

(1) V. ce mot dans le glossaire de La Monnoye.

1ᵉʳ BOURGUIGNON

Monsieu, si cé diale (1) anreigé
Por celai ne veüille chaingé,
N'évô pa dé drôgue pu fote (*fortes*)
Aiffin que lai malice sote
De lo téte, soir vou maitin ?

L'EMPIRIQUE

C'est là où je perds mon latin !

2ᵉ BOURGUIGNON

Monsieu, qu'aivé-vo por cé fille
Qui dou darrei (*du derrière*) son si fraigille
Que, san y pansai, bé sôvan
Ai l'an sor bé dé mauvoi van
Don lô meire fon peûte gére ?

L'EMPIRIQUE

Un astringent pour leur derrière.

1ᵉʳ BOURGUIGNON

Monsieu, por cé bén ebillé
Qu'on ne voi jaimoi babillé

---

(1) Si ces diables de femmes enragées, malgré cela, c'est-à-dire malgré les coups, les nasardes, ne veulent changer.

Et qu'ai sanne, ai voi lô viseige,
Que ce sô de gran porseneige,
Ne baillé-vo ran, dite don ?

L'EMPIRIQUE

Une salade de chardons.

2ᵉ BOURGUIGNON

Monsieu, ço qu'on voi moin lai taule
Que cetei-lai de Fot-épaule (*le Diable*),
Qu'évo (*qu'avez-vous*) por cé riche taquin
Qui forre dan lo casaquin
Tô, san denai ai creature ?

L'EMPIRIQUE

Qu'on les applique à la torture.

1ᵉʳ BOURGUIGNON

Monsieu, et por cez aimôrou
En aimor si tré maul-heûrou
Qu'ai son é chan et ai lai ville
Tôjor refeuzai vé lé fille,
Evo (*avez-vous*) queique décôction ?

L'EMPIRIQUE

Huile de consolation.

2ᵉ BOURGUIGNON

Monsieu, dedan vôte bôticle,

Vô qui éte bon ampiricle,
N'aivé-vô poin de drôgue ancor
Por ço qui bôte tô su lor (*sur eux*)
Et qu'aime tan lai braverie ?

L'EMPIRIQUE

Une livre de mocquerie.

1ᵉʳ BOURGUIGNON

Monsieu, n'évo ran por ôtai
Tôte lai glôriousetai
De çolle qui n'ôte lô masque
Qui son côlai, come dé casque ;
Qu'asson que vo loz époté ?

L'EMPIRIQUE

Trois onces de civilité.

2ᵉ BOURGUIGNON

Monsieu, et por cé jan si béte
Qu'ai se panse qu'ai l'on deu téte,
Au leu (*lieu*) que ça si gran pitié
Que d'éne ai n'on pa lai moitié,
Ne saivé-vo poin de finesse ?

L'EMPIRIQUE

Une épithème de sagesse.

1ᵉʳ BOURGUIGNON

Monsieu, por ço qu'ai cheique cô
On étraippe por dez ecô
Et qu'or pinse tôjor san rire,
Qu'asson que vo lo velé dire ?
Qu'évo por lo sôleigeman ?

L'EMPIRIQUE

De la poudre d'entendement.

2ᵉ BOURGUIGNON

Monsieu, saivé-vo lou misteire
Por refaire lai sarmoneire
Dan Dijon ai tan de gaulou
Qui de lo fanne son jaulou ?
De ce mau évo queneussance ?

(L'empirique ne veut plus prêter le collet à la plaisanterie ;
il répond qu'il guérit les corps, non les esprits. Alors les
vignerons se moquent de lui.)

1ᵉʳ BOURGUIGNON

Monsieu, ancor éne pairôle :
Vou preigné tan de quarquinôle
Ço qui ai lai sain Jan d'étai
On ancor pô de s'évantai
Et qui son, tan que lou chau dure,
Ancor bé tarre ai lai froidure ;
Vo an porrein bé caquetai,

Vo an aivé bé fai frôtai,
Et vo no porté bé lai mingne
D'aivoi passai par l'étaimingne.

2ᵉ BOURGUIGNON

Disé, éte-vo cetu-cy
Qui a dou coutai de Lancy,
Qui baille de lai pousserôtte
Qui chés qu'an ç'a qu'on lou décrôtte,
Qui di que lé jan son guairi
Quan ç'à qu'ai lé z'ey fai meuri,
Et qu'ai n'airon jaimoi lé gôte
Porsan qu'ai ne voise pu gôte ?

1ᵉʳ BOURGUIGNON

Éte-vo poin cet éffrontou
De Telessei qu'à si mantou,
Qui tô por tô ei tan lai vôgue
Et s'ai ne fai que ç'a dé drôgue,
Et qui, dan in barrô, queneu (*connaît*)
Lou pissai an pléne méneu ?

2ᵉ BOURGUIGNON

Éte-vo poin cetu qui gaule
Lé craipau et qui lés évaule ;
Qui an trôve si bon lou ju
San moutade, ni san vorju ?

1ᵉʳ BOURGUIGNON

Vou de cé vandou de pommade
De quei lé daime lo groin fade,
Qui en sautan devan lé jan
Fon aitô sautai loz arjan ?

> (Ici, l'Empirique croit devoir arrêter la moquerie des deux vignerons ; c'est de choses sérieuses qu'il s'agit ; en conséquence il annonce que sa visite à Dijon a pour but la guérison d'un homme aimé par un grand nombre d'habitants de la ville, homme qui a tant bu sans eau, et tant mangé salé, qu'il en est devenu hydropique ; il se nomme, dit-il, *Monsieur Bontemps*. L'ayant aperçu, il lui adresse la parole.)

L'EMPIRIQUE

Il faut en bref purger ce tas
D'humeurs malignes et peccantes,
Copieuses et abondantes.
Ça, que je taste vostre poux :
Vous estes mal, entendez-vous ?
Voyons la partie affectée (le ventre)
Et qui s'est ainsi dilatée...
    (Il tâte.)
Voilà une grande tumeur !

BONTEMPS

J'en suis tout en mauvaise humeur.

L'EMPIRIQUE

Que je voye de vostre urine ;
Elle est d'une couleur citrine !

2ᵉ BOURGUIGNON

Ai n'an y ey pa lai aissé ;
Monsieu, faiste lou bé pissé.

L'EMPIRIQUE

Qu'il urine tout à son aise (1) ;
Celle-cy n'est pas tant mauvaise.

BONTEMPS

En voicy du fond du tonneau
Qui vaut encor mieux que de l'eau.

1ᵉʳ BOURGUIGNON

Ai fau que de son mau j'évaule ;
Je meurrai aivó lu ai taule.
Baillé z-an voi ai ce nemô.

2ᵉ BOURGUIGNON

Porquei faire qu'ai ne di mô ?
S'ai l'ey éne bonne haquebuze
Qu'ai tire in cô darrei lai bute (2).

---

(1) Ici, Bontemps devait uriner, et puis l'Empirique, regardant la fiole, devait dire le vers qui suit.
(2) Le texte doit être altéré en cet endroit : *haquebuze* ne rime pas avec *bute*. Au reste ce passage ne paraît pas faire suite à l'idée précédente.

(L'Empirique fait tirer la langue à Bontemps; il la trouve chargée: signe d'une grande altération! Le malade boit au moins dix fois à chaque repas, dit-il, et Bontemps de répondre : « *Vous ne vous éjuirogues pas.* »)

L'EMPIRIQUE

Dormez-vous pas, sans débrider,
Bien douze heures et davantage ?

BONTEMPS

Quoi donc ? est-ce un mauvais présage ?

(L'Empirique poursuit ses interrogations; Bontemps doit aimer fort les jambons et viandes de haut goût; manger dès qu'il est levé; puis, après, avoir des « *éructations* » par la bouche.)

BONTEMPS

Justement sur mon mal il touche ;
Cela (*les rots*) m'incommode beaucoup.

L'EMPIRIQUE

Vous n'en mourrez pas pour ce coup.
(*Ce*) sont cruditez génératives
De ventôsitez inflatives ;
Et puis (*vous avez*) quelques vomissemens ?

BONTEMPS

Cela m'advient communément.

L'EMPIRIQUE

Eh bien, ce mouvement arrive

Par ceste vertu expulsive
De l'estomach qui veut chasser
Tout ce qui le peut offenser ;
Ce n'est pas à jeun je m'asseure ?

BONTEMPS

Qui m'y prend est bien levé d'heure.

L'EMPIRIQUE

Vous avez quelque mal de teste ?

BONTEMPS

Il passe en joüant à la beste.

L'EMPIRIQUE

Des nausées et maux de cœur ?

BONTEMPS

Je prends trop de choses à cœur.

L'EMPIRIQUE

Vous avez la veüe un peu basse ?

BONTEMPS

C'est de voir le fond de la tasse.

L'EMPIRIQUE

Vous estes un peu rheumatique ?

BONTEMPS

Ouy, c'est une humeur aquatique.

L'EMPIRIQUE

Vostre esprit librement agit ?

BONTEMPS

Quelquefois dans les pots il gist !

. . . .

L'EMPIRIQUE

Hum ! voilà de très mauvais signes
Et divers symptomes insignes,
Car je voy des obstructions
Et grandes complications
De maladies très différentes :
Rhumes vineux et fièvres lentes,
Et autres ! s'il n'y est pourveu ;
Mais, je vous guérirai pourveu
Que vous suiviez mon ordonnance...

1er BOURGUIGNON

Quei ? ce bea Monsieu l'Empeirique
Di que Bontan a-t hydrôpique ?
Ç'à por étraipai queique écô !
Ai pote troi doi su lou cô ;
Ai l'ai in groin an son viseige
Aussi large que mé deu neige !

2ᵉ BOURGUIGNON

Je geige qu'ai fero rôlai
En sai gueule, sen bricôlai,
Ene miche, et qu'éne tenée (1)
Ne li passero sai jonée ?
Pu de vin antre an son jadeâ
Qu'an in glaici ne côle d'eâ !

1ᵉʳ BOURGUIGNON

Je croi que dan sai grosse panse
Ai n'y ei guére de dépanse.

L'EMPIRIQUE

Vous autres, simples vignerons,
Vous parlez comme des biberons
De toutes choses à l'adventure ;
Ceste tumeur, contre nature,
Est faicte de ventosité
Et vient en la capacité
Du ventre inférieur causée
De pituite, et composée
Aucune fois d'acquosité
Qui vient de l'imbécilité
De ceste vertu décoctrice
Du foye, qui est la nourrice
Du corps. . . . .

───

(1) *Tenée*, tine de vin.

(A moins que ce ne soit des « poulmons » que vienne cette
tumeur ; car du foie le mal va « par la veine cave yssant ; »
mais).

Que si, comme tient Hyppocrate,
Il a son siége dans la rate,
Au mésentère ou intestins,
L'avis de nos autheurs latins
Est que ces humeurs hydropiques
Vont aux veines méseraïques.

2ᵉ BOURGUIGNON (*à son compère.*)

S'ai l'à vrai que Monsieu Bontan
O le mau que ce charlatan
Di qu'ai l'ei, je croi que dé fille
Ai l'ei anglué pu de mille
Qui on le vantre encor pu groo.
Ce qui retreci le cotroo.

1ᵉʳ BOURGUIGNON

Potan (*pourtant*) ai ne meure an geséne ?

2ᵉ BOURGUIGNON

Vœi, ai l'an meur, au diale l'éne !
De lon tan ai n'an meurrei, jai !

L'EMPIRIQUE

Ce n'est pas là nostre sujet.
Vous parlez d'une autre matière
Qui arrive d'autre manière,

Videlicet, par l'action
Causant la génération...
   (Ordonnance pour Bontemps) Récipé :
Prenez trois dragmes de procez,
Deux dragmes de femme mauvaise,
Quatre de malheureux succez,
Cinq et demie de malaise;
De débts en double quantité;
Une dragme de fantaisie,
Une livre de pauvreté
Et huict onces de jalousie,
Meslez de mécontentement
Et de travail dôze pareille
Que vous ferez fort longuement
Détremper en jeune et veille...
Il n'y a rien qui purge plus
Les humeurs qui sont superflus.

   1ᵉʳ BOURGUIGNON (*à son compère.*)

Monsieu Bontan sero bé gringne
S'ai preno cete médecingne;
Ce n'a pa lai ce qu'ai li fau;
Qu'ai chaisse ce faulou au chau (1).

---

(1) Qu'il l'envoie au diable.

2ᵉ BOURGUIGNON

Ai fero bé peute grimesse ;
Je croi qu'ai meurroo de detresse.

1ᵉʳ BOURGUIGNON

Ai l'â bé proo de l'aivaulai :
Vouei, vouei, ai seroo bé gaulai !
Morbei, ce regiman de vivre (1)
Feroo évôtai (*avorter*) éne vivre !

(L'Empirique voyant qu'on n'accepte pas son ordonnance, offre à Bontemps un autre régime.)

L'EMPIRIQUE

Il (*ce régime*) contient des règles utiles
Et n'est pas des plus difficiles (*à suivre*) ;
Mais, afin qu'avec plus de goust,
Monsieur, vous preniez ce ragoust,
Je veux par nouvelle pratique
Vous y inviter en musique.

AIR
contenant le régime de vivre de Bontemps

I

Après le lever de Bontemps
Qu'il prenne l'air de la cuisine

---

(1) Ce régime de vie.

Et pareil lieu de passe-temps
Où l'on joüe, on boit et l'on disne.
Ref. Toutes sortes de passetemps,
Ce sont les juleps de Bontemps.

II

Pour remèdes apéritifs
Qu'il prenne jambons de Mayences,
De l'appétit excitatifs,
Bœuf salé et autres essences.
Ref. Toutes sortes, etc.

III

Que pour user en sa maison
De bonnes drogues il choisisse ;
Et que Lordelot et Loison (1)
N'épargnent le poivre et l'espice.
Ref. Toutes sortes, etc.

IV

Pour se maintenir en santé
Qu'il fasse souvent quelque bringue,
Et, après avoir bien pinté,

---

(1) Ce sont des marchands de Dijon.

Qu'il s'exerce à taupe et à tingue.
Ref. Toutes sortes, etc.

V

Et d'autant que les friands mets
Sont du bon sang la vive source,
Il faut qu'il n'en manque jamais
Tant qu'il aura argent en bourse.
Ref. Toutes sortes, etc.

VI

Après l'exercice des pots,
Pour reprendre force nouvelle
Qu'il aille prendre son repos
Sans se rien mettre en la cervelle !
Ref. Toutes sortes, etc.

VII

BONTEMPS (*chantant*)

C'est ainsi comme je l'entends :
Ces drogues-là sont fort loyales !
Voilà qui tombe sous mon sens !
Je les trouve bien cordiales !
Ref. Vraiment, Monsieur, les passetemps,
Ce sont les juleps de Bontemps.

2ᵉ BOURGUIGNON

Hey ! compeire, queille musicle !
Ai (*ils*) chante come deu senicle (1) !
Velai note peire Bontan,
Ai ce cô, joyou et contan !

BONTEMPS

Courage, enfans, bonne nouvelle !
Ma santé doit estre éternelle !

<small>(Ce qui garantit la durée de cette bonne santé, c'est le prince de Condé, le nouveau gouverneur de la Bourgogne, auquel Bontemps décerne des louanges, ainsi que l'Empirique, de son côté. Ce prince a, dit-il, et « *le Moly et le Népanthe, qui peut faire l'ame contente.* »)</small>

1ᵉʳ BOURGUIGNON

Masuan, pu je ne m'épante (*épouvante*) ;
De quei coutei que lou van vante,
Je serai torjo (*toujours*) aiseurrai.

2ᵉ BOURGUIGNON

Je seron tô seû revigôtai
De voi cé Princesse si seige
Qui de deu z-ainge on lé viseige ;
Cé deu bea Prince, los enfan,

---

(1) Cette comparaison des chanteurs avec les serins est fréquente au xviiᵉ siècle, surtout dans les poèmes d'Aimé Piron.

Qui seron torjo triomphan
Et partaigeron an deu brique,
L'ein l'Aisie, et l'autre l'Aifrique,
Et frauleron (1), j'en seu devin,
Lou gran Tur, annemin (*ennemi*) dou vin.

1ᵉʳ BOURGUIGNON

(Montrant un nouveau personnage qui s'avance sur la scène.)

Et cetu-qui, aivô sai bôle,
Direi-ty pa éne pairôle ?
Je me dôte qu'an son métei
Ai l'â maiçon vou charpantei,
Son compâ lou fai bé pairoitre.
Qui éte-vo, disé, mon moitre ?

L'ASTROLOGUE

Vous parlez impertinemment:
Je suis un bon maistre vrayment,
Mais, d'une science divine
Toutes les choses je devine ;
Je voy ce qu'on faict dans les cieux,
Et rien n'est caché à mes yeux...

---

(1) *Fraulai*, ou *frôlai*, c'est frotter, rudoyer, battre. *Baillai eine frôlée ai queiqu'un*, se dit encore aujourd'hui.

Je sçay la mesure assurée
De la grande voûte azurée
Et en pourrois faire leçon.

2ᵉ BOURGUIGNON

J'ai bé di qu'ai l'aito maiçon ;
Antan-tu qu'ai pale de vôte (*voûte*) ?

1ᵉʳ BOURGUIGNON

Deale l'un que j'y antan gôte,
Non pu qu'i fai en Auleman !
Monsieu, palé pu claireman.

L'ASTROLOGUE

Sans vous faire un plus long prologue,
Sachez que je suis astrologue,
Et que dans mes prédictions
Il n'y a point de fixions.

2ᵉ BOURGUIGNON

O, o ! voz éte ein Estrelôgue ?
Si vo juin au peique-nôgue,
Daime, vô gaignerin beacô ;
Vo devenerin tô d'iu cô
S'ai l'y airô nôgue vou pique !

(L'astrologue réplique que sa science ne se ravale pas si bas ; c'est de l'univers qu'elle s'occupe ; et, par « *la voûte estoillée, elle rend présent l'advenir.* »)

1ᵉʳ BOURGUIGNON

Ai ce conte (*compte*) vô saivé tô,
Et lou bé, et lou mau aitô (*aussi*);
Si celai ne voz impotugne
Disé no voi nôte fotugne,
Et si lai santai de Bontan
Durerai ancor bé lon tan ?

(En un langage tout astrologique, le savant à la boule fait entendre que l'influence des mauvais astres étant conjurée, plus rien ne pourra nuire à Bontemps.)

2ᵉ BOURGUIGNON

Vo no disé de belle chôse,
Ma qui on bé besoing de glôse ;
Je no velai aussi saivan
Que je l'aitin aupairaivan.

L'ASTROLOGUE

Les choses que j'ai rapportées
Surpassent aussi vos portées ;
Ce vous est assez, mes amis,
Que tout bonheur vous soit promis...
Juppiter, embrassant Lucine
Au commencement des Gemeaux,
Promet faire voir des rameaux

Sortis d'une tige royale... (1)
Bientost il doit naistre un enfant
Au prince le plus triomphant
Qui jamais a porté couronne.

1ᵉʳ BOURGUIGNON

Cete nôvelle-lai â bonne
Por nô, et por tô lé Françoi.
Je ne fai pa dez Almanoi (*almanachs*)
Et si j'antan bén ai son dire
Qu'ai pale dou Roy, nôte Sire.
Ai ne li manque, ce me sanne (*semble*)
Que dé z-anfan qui li resanne,
Por aifin de lou rendre heurou
Aussetan qu'ai l'a vaulerou.

2ᵉ BOURGUIGNON

(Montrant le tableau énigmatique qui représente divers personnages.)

Ma, disé-no, cé porseneige
Qui son-ti, et de quei ligneige ?...
Qui â cet homme si vaillan

---

(1) L'astrologue présage la naissance d'un dauphin. La réalisation de son pronostic se fit attendre plusieurs années. Louis XIV naquit en 1638.

Et qui a pu for que Rôlan,
Qui ei écônai (*écorné*) ce peu (*laid*) hôte
Que je voison iqui de côte (*à côté*)?
(*C'est Hercule, répond l'Astrologue.*)

2ᵉ BOURGUIGNON

Et cetu-lai qu'â-t écônai ?
Morbei, ai l'a bén éténai (*ennuyé*)
De voi que sai cône on li ôte ;
Ai devrô parre lai calôtte.
Disé, de vou (*d'où*) a-ti soti ?
De quei métei se maule-ti ?

(Bontemps et l'Astrologue se disputent l'honneur d'expliquer la scène du tableau, et surtout l'affaire de la corne arrachée par Hercule à Archéloüs, que l'Astrologue appelle « *sa fleute cornard.* »)

1ᵉʳ BOURGUIGNON

Bé! bé! ne vo bôté an pône,
Cheicun airei sai par (*sa paire*) de cône ;
Monsieu Bontan ai trô jazai
San aivoi sai langue érôzai.

2ᵉ BOURGUIGNON

Tô celai n'antre en maï çarvelle.

1ᵉʳ BOURGUIGNON

Non, que tai fanne n'a pa belle,
Antan-tu, ai di qu'Acheloy

Ai qui Harcule fi lai loi,
Por san que c'éto éne béte
Qui aivo dé cône an lai téte,
Que por l'éne ai li éreichi
Ç'à por l'aimor (1) qu'ai recharchi
An mairieige Dejaineire
Qui n'a pa du coutai d'Aneire,
De celai ai fu si marri
Qu'ai pansi de dépei meuri.

2ᵉ BOURGUIGNON

Meuri ! por ôtai éne cône !
De quei se bôto-ti an pône !
J'an voi sôvan por lé marché
Qui s'an ferin bén éreiché
San qu'ai le trôvissin étrainge !

1ᵉʳ BOURGUIGNON

Je croi bé ! elle lo demainge ;
Ma, ço-lai qui los on mi lai
N'on manquai de lé bé colai (2).

---

(1) *Por l'aimor,* pour la raison.
(2) Mais ceux-là qui leur ont mis là (des cornes) n'ont pas manqué de les bien coller.

2ᵉ BOURGUIGNON

Cetei-qui, qui pote éne ville
Dessu sai téte qui a-t-ille ?
(*C'est Déjanire, dit l'Astrologue.*)

1ᵉʳ BOURGUIGNON

Porsan qu'éne ville elle pote
Lé fanne on lai téte bé fote !

2ᵉ BOURGUIGNON

Elle poterin ai rebor
Éne ville aivô lé faubor !

1ᵉʳ BOURGUIGNON

Vo qui saivé les écrivure,
Ai quei sarve cé portraissure ?
Peire Bontan, disé-no voi
Si celai émene lai poi (*la paix*).

(Bontemps dit que l'emblême signifie que le prince a « surmonté les ennemis de la France, » comme Hercule Archeloüs, en sorte que Déjanire est la Bourgogne.)

1ᵉʳ BOURGUIGNON (*à l'astrologue*)

Ma, disé-no voi, Monsieu l'Ocle,
Porquei poté-vo tan de socle (*cercles*)
Ailantor de vote çarveâ
Relié ansin qu'in queveâ,
De quei é vo (1) lai téte pléne ?

---

(1) De quoi avez-vous la tête pleine ?

2ᵉ BOURGUIGNON

Je cude que ç'à de lai léne ;
Les estrelôgue y son sujai
Autan qu'ai lai fore lé jai.

L'ASTROLOGUE

Pour les deux cercles que voyez
L'un est du cancre le tropique

1ᵉʳ BOURGUIGNON

Quei ? Monsieu, vos éte hydrôpique
Et le cancre vo vire ancor ?
Ç'à fai de vo! voz éte mor!
Pansé, an vôte consciance,
Cetu-qui (1), aivô sai sciance,
Si tré bon meidecin sô-ti
Ne vo an ferei pa soti.

L'ASTROLOGUE

L'autre (2) est celui du Capricorne

2ᵉ BOURGUIGNON

Vo poté don ancor lé cône ?
Morbei, vo velai ai couvar

---

(1) *Cetu-qui*, celui-ci. (Il montre l'Empirique.)
(2) Sous-entendu *cercle*.

Bé chaudeman po vôte hivar :
Côner, cancre et ydrôpisie!
(L'Astrologue trouve que ces gens sont bien grossiers.)

1ᵉʳ BOURGUIGNON

Ma, répondé ai no demande ;
Devené (*devinez*) voi ? An lai saison
Serei-ti dé puce ai foison ?

L'ASTROLOGUE

Plusieurs les auront à l'oreille
Qui leur causeront mainte veille.

2ᵉ BOURGUIGNON

An cepandan que por darrei
Ai lo fanne on lé secorrei !

L'ASTROLOGUE

Et c'est là où le bast les blesse.

1ᵉʳ BOURGUIGNON

Je ne vorrô étre en lo plaice !
J'eime meu jaimoi ne voi roo
Et ne meingé que dou pain groo (1) !

---

(1) Le pain *groo*, c'est le pain gris ou noir. Neuf vers plus bas le même mot est pris dans le sens du français *gros*.

Quan no fanne veigne dé vingne
Elle son lassée et bé gringne
Et ne demande qu'ai dormin,
Ma cé potouse de mimmin,
Qui seron tôte éne jônée
Ai mirai lo groin et lo née
Qu'ei sanne que sô po dépey
Qu'elle velin montrai lo pey
Aussi groo que ço d'éne vache,
Qu'elle debelatrin an tache
Tô lo soin jeuqu'au beruillô (1).
Qui on au groin dé baibillô
Qu'elle dise dé coupaudaille
Et qui bé sôvan fon gôgaille;
Qu'on dé gailan, dé faivori,
Dé mignon maugrai lo mairi,
Qui de lo poi fon dé garsôtte (2)
Por bôtre los euille ai l'essôtte,
Qu'elle totille to dou lon,
Qui se découvre jeuqu'au fon
To lou cô et lés deus épaule

(1) *Beruillô* ou *breuillô*, nombril.
(2) Qui de leurs cheveux font des papillottes (ou des bandeaux) pour mettre leurs yeux à couvert.

Vou on voi dé marque de gaule
Si aivan que mâme on porroo
Por lou gôlô bé voi lo roo ;
Morbei, elle son dangerouse
Et velantai bén aimorouse ;
Elle n'érete an lai moison,
On n'en seroo aivoi raison ;
Ai fau que lé mairi l'andure
Et qu'ai l'évaule lai pillure.

L'ASTROLOGUE

Il est vrai qu'ils sont malheureux,
Mais ce seroit folie à eux
D'aller contre la destinée,
Car je prévois que ceste année
Le sextil regard de Vénus
Menace de force cornus
De garces tout le long de l'aulne
Aux climats de Nuits et de Beaune.

2° BOURGUIGNON

Ainsin don ai vote carcu (*calcul*)
Ai serei beacô de côcu ?

L'ASTROLOGUE

Il en sera de tout plumage,
De toute marque et de tout aage.

1ᵉʳ BOURGUIGNON

Ai l'â vrai ? dé prôve et dé riche ?
De gaule-bontan et dé chiche
On n'en varrei pa moin passai
Qu'on faiso por lou tan passai !

2ᵉ BOURGUIGNON

J'aime meu celai que lai None
Qui sôfle dou coutai d'Auxone
Et qui breule tô no rasin...

(A l'Astrologue.)

Ma, regadé voi dan vo livre
Si no fanne seron dé vivre ?

L'ASTROLOGUE

Ouy ! ceste queue de dragon..

1ᵉʳ BOURGUIGNON

Di qu'elle sotiron dé gon
Et qu'elle feron lé tempéte
Si on ne lo casse lai téte.

L'ASTROLOGUE

Fort bien, car le pied d'Orion...

2ᵉ BOURGUIGNON

Menaice de queique orion
Putô que d'éne rôbe neuve...
<small>(Ici l'Astrologue fait, dit-il, une prédiction utile « *pour ceste année bissextile* (1). »)</small>

Ç'â bé di ; senon (*sonnons*) lai retraite ;
Ai l'â tan de noz an aulai :
Ç'â por in cô aissé palai ;
Notre jônée â tanto faite.

BONTEMPS (*au Prince*)

Grand Prince, puisque vostre entrée
Fait icy retourner Bontemps,
C'est de sa faveur que j'attens
D'habiter en ceste contrée.

L'EMPIRIQUE (*à Bontemps*)

Le plus asseuré théoreme
Pour conserver vostre santé,
C'est d'impétrer de sa bonté
Que tousjours ce prince vous aime.

---

(1) Sa prédiction, c'est que le printemps donnera des fleurs et l'automne des fruits de toutes sortes. Parle-t-il ainsi pour dissiper les appréhensions qui existaient, dit-on, contre les années bissextiles?

L'ASTROLOGUE

Je vous promets toute allégeance
Rangeant tousjours vostre devoir
Dessous les loix de son pouvoir
Afin d'en sentir l'influence.

1ᵉʳ BOURGUIGNON

Qu'éz annemin de lai queroone (*couronne*)
Ai faise aivoi lai gruloison (*tremblement*)
Que lou bonheur dan sai moison
Soo (*soit*) tojor san fin et san boone (*borne*).

2ᵉ BOURGUIGNON

Lu et lé sen nô sin prôpice
Tan que lai tarre et lou sôlô
Se brouilleron, maulin maulô
Et que Dei tretô lé benisse

www.ingramcontent.com/pod-product-compliance
Lightning Source LLC
LaVergne TN
LVHW050611090426
835512LV00008B/1434